D1728096

Inhalt

DESIGN IM KREATIVITÄTSDISPOSITIV
Andreas Reckwitz

Dieser als Vortrag für die 10. Jahrestagung
der Deutschen Gesellschaft für Designtheorie und -forschung „Die Politik der
Maker" verfasste Text basiert auf dem 2012
im Suhrkamp Verlag erschienenen Buch
von Andreas Reckwitz „Die Erfindung der
Kreativität. Zum Prozess gesellschaftlicher
Ästhetisierung".

Wenn es einen Wunsch gibt, der innerhalb der Gegenwartskultur die Grenzen des Verstehbaren sprengt, dann wäre es der, nicht kreativ sein zu wollen. Dies gilt für Individuen wie für Institutionen gleichermaßen. Nicht kreativ sein zu *können*, ist eine problematische, aber zu heilende und mit geduldigem Training zu überwindende Schwäche. Aber nicht kreativ sein zu *wollen*, kreative Potenziale bewusst ungenutzt zu lassen, gar nicht erst schöpferisch Neues aus sich hervorbringen oder zulassen zu wollen, erscheint als ein absurder Wunsch, so wie es zu anderen Zeiten die Absicht, nicht moralisch oder nicht autonom sein zu wollen, gewesen sein mag.

Welche außergewöhnliche Relevanz der Kreativität als individuellem und sozialem Phänomen in unserer Gegenwart zugeschrieben wird, lässt sich an der programmatischen Studie *The Rise of the Creative Class* des amerikanischen Soziologen Richard Florida aus dem Jahr 2000 ablesen.

Florida zufolge ist die zentrale Transformation, die in den westlichen Gesellschaften
zwischen der Nachkriegszeit und der
Gegenwart stattgefunden hat, weniger eine
technologische als eine kulturelle. Die Was-
serscheide lässt sich in den 1970er Jahren
markieren, und sie betrifft das Aufkommen
und die Verbreitung eines „kreativen Ethos".
In dessen Zentrum steht eine neue, sich
rasch ausbreitende und kulturell tonan-
gebende Berufsgruppe, die *creative class*
mit ihren charakteristischen Tätigkeiten
der Ideen- und Symbolproduktion – von
der Werbung bis zur Softwareentwicklung,
vom Design bis zur Beratung. Kreativität
bezeichnet nach Floridas Darstellung damit
nicht allein ein privates Modell der Selbst-
entfaltung. Sie ist in den letzten drei Jahrzehnten vielmehr auch zu einer ubiquitären
ökonomischen Anforderung der Arbeits-
und Berufswelt geworden.

Nun ist Floridas Studie alles andere als eine
neutrale Darstellung, vielmehr versucht sie

genau das zu fördern, von dem sie spricht.
Ihr Blick ist selektiv. Aber tatsächlich sprechen viele Indizien dafür, dass das normative Modell der Kreativität seit den 1980er
Jahren im Kern der westlichen Kultur ange-
kommen ist und diesen hartnäckig besetzt
hält. Kreativität umfasst in spätmodernen
Zeiten dabei eine widersprüchliche Dopp-
lung von Kreativitätswunsch und Kreativi-
tätsimperativ, von subjektivem Begehren
und sozialer Erwartung: Man *will* kreativ sein
und *soll* es sein. Was meint hier Kreativität?
Kreativität enthält in einem ersten Zugriff
eine doppelte Bedeutung: Zum einen verweist sie auf die Fähigkeit und die Realität,
dynamisch Neues hervorzubringen. Kreativität bevorzugt das Neue gegenüber dem
Alten, das Abweichende gegenüber dem
Standard, das Andere gegenüber dem Gleichen. Zum anderen impliziert Kreativität ein
Modell des „Schöpferischen", welches diese
Tätigkeit des Neuen an die moderne Figur
des Künstlers, an das Künstlerische und
Ästhetische zurückbindet. Es geht um mehr

als um eine rein technische Produktion von Neuartigem, vielmehr um die sinnliche und affektive Erregung durch dieses Neue in Permanenz. Es geht um eine entsprechende Modellierung des Individuums als schöpferisches Subjekt, das dem Künstler analog ist.

Aus soziologischer Perspektive bezeichnet Kreativität nun keine bloße Oberflächensemantik, sondern das Zentrum eines sozialen Kriterienkatalogs, der seit den 1980er Jahren für reale Praktiken der westlichen Gegenwartsgesellschaften Prägekraft gewonnen hat. Am bemerkenswertesten ist diese Entwicklung zunächst im ökonomisch-technischen Herzen der kapitalistischen Gesellschaften, der Sphäre der Arbeit und des Berufs. Der ästhetische oder kulturelle Kapitalismus der Gegenwart basiert in seiner avanciertesten Form auf Arbeitsweisen, die das lange Zeit vertraute Muster einer routinisierten Arbeiter- und Angestelltentätigkeit hinter sich gelassen haben. An deren Stelle haben sich Tätigkeiten geschoben, in denen die ständige Produktion von Neuem, insbesondere von symbolischen Produkten, vor einem an diesem Neuem interessierten Publikum zur zentralen Anforderung aufgestiegen ist. Die sogenannte Kreativindustrie stellt hier nur die Spitze des Eisbergs dar. Das Doppel von Kreativitätswunsch und Kreativitäts-imperativ ist darüber hinaus seit den 1970er Jahren tief in die kulturelle Logik der pri-vaten Lebensführung der Mittelschichten eingesickert. Die Individualisierung gewinnt ihre spezifische Orientierung hier in der Ausrichtung an einer kreativen Gestaltung der Subjektivität. Schließlich sticht die gesellschaftliche Ausrichtung an Kreativität in einem weiteren Bereich ins Auge: in der Transformation des Urbanen, im Wandel des gebauten Raums der westlichen Großstädte. Viele der Städte zwischen Barcelona und Seattle, zwischen Kopenhagen und Boston sind seit den 1980er Jahren durch eine Tendenz geprägt, sich über spektakuläre Architektur, restaurierte Stadtviertel, neue

Kulturinstitutionen und ansprechende Atmosphären ästhetisch grundsätzlich zu transformieren. Es reicht nicht mehr aus, dass die Städte ihre Grundfunktionen des Wohnens und Arbeitens erfüllen, es wird von ihnen eine permanente ästhetische Selbsterneuerung erwartet – sie wollen und sollen *creative cities* sein.

Die Idee der Kreativität ist nun sicherlich keine Erfindung der Spätmoderne. Aus einer soziologischen Perspektive auf die Genese der Moderne ist sie jedoch vom letzten Drittel des 18. Jahrhunderts bis ins zweite Drittel des 20. Jahrhunderts im Wesentlichen auf kulturelle und soziale Nischen beschränkt gewesen. Es waren die künstlerischen und ästhetischen Bewegungen seit dem Sturm und Drang und der Romantik, die in immer neuen Schüben Modelle und Praktiken der schöpferisch-kreativen Gestaltung von Objekten und des eigenen Selbst entwickelt haben. Was sich in der spätmodernen Kultur seit den 1970er und

80er Jahren vollzieht, ist nun eine bemer-
kenswerte Umkehrung: ein Umkippen von
Ideen und Praktiken ehemaliger Gegenkulturen in die Hegemonie. Was sich seit dem
letzten Viertel des gerade vergangenen
Jahrhunderts abspielt, ist tatsächlich die
Ausbildung eines ebenso heterogenen wie
wirkungsmächtigen *Kreativitätsdispositivs*.
Den Begriff „Dispositiv" möchte ich hier
in einem an Michel Foucault angelehnten
Sinn verwenden: Es handelt sich um einen
gesellschaftlichen Komplex von diskursiven
und nichtdiskursiven Praktiken aus ver-
schiedenen Bereichen, die allesamt eine
Entwicklung in die gleiche Richtung fördern.
Ein solcher Blickwinkel auf das, was man
das kreative Ethos der spätmodernen Kultur
nennen kann, setzt voraus, dieses nicht als
Ergebnis eines Prozesses der Freisetzung
von Individuen und Institutionen zu verstehen, die nun endlich kreativ sein dürfen.
Es geht nicht um die ontologische Ebene
des Werdens und Vergehens, die ständige
Entstehung des Neuen in der Welt, sondern

um den gesellschaftlichen Kreativitätskomplex als eine historisch außergewöhnliche Erscheinung.

Ich kann an dieser Stelle nicht der Genese und den Strukturen dieses Kreativitätsdispositivs in allen seinen Verästelungen und in seiner ganzen Komplexität nachgehen. Dies bedürfte einer sehr detaillierten Untersuchung der Transformation der modernen Ökonomie, insbesondere auch des Bedeutungsgewinns der Kreativökonomie im Laufe des 20. Jahrhunderts, der Transformation des Feldes der Kunst, der Massenmedien und der dortigen Profilierung von sogenannten Kreativstars, der Veränderung der Stadtplanung in Richtung von sogenannten *creative cities* usw. Ich möchte vielmehr ein Grundgerüst präsentieren, das versucht, auf drei Fragen zu antworten: 1) Was sind elementare Strukturen des Kreativitätsdispositivs als eines gesellschaftlichen Komplexes insgesamt? In dem Zusammenhang werde ich auch auf die Bedeutung des Komplexes

Design für dieses Kreativitätsdispositiv zu
sprechen kommen. 2) Was sind die Ursachen seiner Verbreitung? 3) Welche problematischen Folgen hat diese Installierung des
Kreativitätsdispositivs?

Zunächst zum ersten Teil: den Grundmerk-
malen. Im Rahmen des Kreativitätsdispositivs erlangt ein vertrautes Kernelement der
Struktur und Semantik moderner Gesell-
schaften einen grundsätzlich veränderten
Stellenwert: das Neue. Dass die moderne
Gesellschaft in ihren Institutionen und
Semantiken im Kern nicht auf traditionale
Wiederholung, sondern auf dynamische
Selbstveränderung ausgerichtet ist, ist eine
klassische Diagnose. Politisch, ökonomisch,
wissenschaftlich-technisch und künstle-
risch hat die Moderne immer versucht, das
Neue zu fördern und das Alte hinter sich zu
lassen, in politischen Revolutionen, in der
Warenzirkulation, technischen Erfindungen
oder künstlerischer Originalität. Ein Regime des Neuen hat jedoch nicht nur eine

zeitliche Bedeutung, sondern auch eine phänomenale und eine soziale: Auf der Ebene der Phänomene markiert das Neue das Andere im Unterschied zum Gleichen. Sozial verweist das Neue auf das Abweichende im Unterschied zum Normalen und normativ Erwarteten. Ob auf der zeitlichen, der phänomenalen oder der sozialen Ebene – nie ist das Neue kurzerhand objektiv vorhanden, immer hängt es von häufig umstrittenen Beobachtungs- und Wahrnehmungsschemata ab. Idealtypisch lassen sich nun drei moderne Strukturierungsformen der Orientierung am Neuen unterscheiden, die grob aufeinanderfolgen, ohne dass die älteren völlig verschwunden wären: das Neue als Stufe (Neues I); das Neue als Steigerung und Überbietung (Neues II); das Neue als Reiz (Neues III).

Das erste Regime des Neuen strebt nach einer Stufe, auf der eine alte durch eine neue, fortschrittlichere und rationalere Konstellation ein für alle Mal abgelöst wird.

Das Neue erscheint als das absolut und eindeutig Neuartige, Revolutionäre. Dieses Modell liegt der Form der politischen Revolution zugrunde. In der Konstellation des Neuen I ist das Neue damit dem Ziel des politisch-moralischen Fortschritts untergeordnet, und Letzterer erscheint endlich.

Anders das Regime des Neuen als Steigerung und Überbietung, das Neue II. In dieser Konstellation wird eine permanente Produktion des Neuen in eine unendliche Zukunft hinein angestrebt. Charakteristisch hierfür ist das Muster naturwissenschaftlich-technischer Entwicklung, aber auch die ökonomische Innovation auf dem Markt. In jedem Fall ist für die Konstellation des Neuen II kennzeichnend, dass der einzelne Akt des Neuen den normativen Anspruch der Verbesserung enthält und diese Verbesserungssequenz zugleich endlos ist.

Das Regime des Neuen als ästhetischer Impuls (Neues III), wie es sich als zentral für das Kreativitätsdispositiv herausstellt, ist wiederum anders organisiert. Auch hier geht es um die dynamische Produktion einer Sequenz von neuen Akten, die unendlich ist, aber der Wert des Neuen ist weitgehend entnormativiert. Der Wert des Neuen besteht nicht in seiner Eingliederung in eine Fortschrittssequenz, sondern in seinem momenthaften ästhetischen Reiz, der immer wieder von einer anderen, nächsten sinnlich-affektiven Qualität abgelöst wird. Es ist nicht der Fortschritt oder die Überbietung, sondern die Bewegung selbst, die Aufeinanderfolge von Reizakten, der das Interesse gilt. Das Neue ist dann das *relativ* Neue als Ereignis, es markiert keinen strukturellen Bruch. Die Produktion des Neuen folgt hier nicht mehr dem Modell der politischen Revolution oder dem der technischen Erfindung, sondern der Kreation von Objekten oder Atmosphären, die die Sinne und Bedeutungen reizen und affektiv wirksam sind, wie es sich erstmals in der modernen Kunst findet.

Wenn das Kreativitätsdispositiv in seinem Kern ein soziales Regime des ästhetisch Neuen ist, dann muss ich zumindest kurz klären, was ich in soziologischer Hinsicht unter dem Ästhetischen, unter ästhetischen Praktiken verstehen will. Tatsächlich stellt sich heraus, dass das Kreativitätsdispositiv eine radikale Ästhetisierung des Sozialen betreibt. „Aisthesis" bezieht sich in seiner ursprünglichen Wortbedeutung bekanntlich auf die sinnliche Wahrnehmung in ihrer ganzen Breite. Ein trennscharfes Verständnis des Ästhetischen setzt dieses jedoch nicht mit sinnlicher Wahrnehmung insgesamt gleich, sondern kann auf eine Grundintuition der klassischen Ästhetik zurückgreifen: Das Ästhetische bezieht sich in meinem Verständnis auf sinnliche als *eigendynamische* Prozesse, die sich aus ihrer Einbettung in zweckrationales Handeln gelöst haben. Aisthesis als das Insgesamt aller sinnlichen Wahrnehmung lässt sich dann von „ästhetischer Wahrnehmung" im Besonderen unterscheiden. Das Spezifikum

ästhetischer Wahrnehmung ist ihre Selbst-
zweckhaftigkeit und Selbstbezüglichkeit,
ihre Orientierung am eigenen Vollzug in
diesem Moment. Ihr Spezifikum ist ihre
Sinnlichkeit um der Sinnlichkeit, ihre Wahrnehmung um der Wahrnehmung willen.
Das Ästhetische bezieht dabei noch eine
weitere Dimension in spezifischer Weise mit
ein: Die ästhetischen Wahrnehmungen sind
nicht reine Sinnesaktivität, sie enthalten
auch erhebliche Affektivität, eine emotio-
nale Involviertheit des Subjekts. Ästhetische
Phänomene umfassen immer ein Doppel
von „Perzepten und Affekten" (Deleuze).
Ästhetische sinnliche Wahrnehmungen
schließen immer eine spezifische Affiziert-
heit des Subjekts durch einen Gegenstand
oder eine Situation ein, eine Befindlichkeit
oder Erregung, ein enthusiastisches, betrof-
fenes oder gelassenes Fühlen.

Für ein soziologisches Verständnis des
Ästhetischen ist nun ein praxeologischer
Begriff des Ästhetischen zentral. In ästhe-

tischen Praktiken werden immer wieder ästhetische Wahrnehmungen oder Objekte für eine solche Wahrnehmung routinisiert oder gewohnheitsmäßig hervorgebracht. Ästhetische Praktiken enthalten damit immer auch ein – häufig implizites – ästhetisches Wissen, kulturelle Schemata, die die Produktion und Rezeption ästhetischer Ereignisse anleiten.

Vor dem Hintergrund eines solchen Verständnisses des Ästhetischen kann das Phänomen der gesellschaftlichen Ästhetisierung Kontur gewinnen. Es handelt sich hier um einen präzise bestimmbaren Strukturwandel. In Prozessen der Ästhetisierung dehnen sich innerhalb der Gesellschaft als Ganzer ästhetische Praktiken auf Kosten primär nichtästhetischer, zweckrationaler und normativer Praktiken aus. Die Besonderheit des Kreativitätsdispositivs besteht nun darin, dass es eine Ästhetisierung forciert, die auf die Produktion und Rezeption von *neuen* ästhetischen Ereignissen ausgerichtet ist. Wie gesagt: Die moderne Gesellschaft hat seit ihren Anfängen das Neue strukturell vorangetrieben, auch auf politischer und technischer Ebene. Das Kreativitätsdispositiv richtet nun das Ästhetische am Neuen und das Regime des Neuen am Ästhetischen aus. Es markiert eine Schnittmenge zwischen Ästhetisierungen und den sozialen Regimen des Neuen.

Das Kreativitätsdispositiv betreibt eine umfassende ästhetische Mobilisierung der Subjekte und des Sozialen. Diese hat eine scheinbar grenzenlose transformative und dynamisierende Wirkung, indem nicht-ästhetische Phänomene in ästhetische verwandelt werden, die sich wiederum vom Regime des Neuen leiten lassen. Die ersten soziologischen Diagnosen der Ästhetisierung, die in den 1960er Jahren angesichts zeitgenössischer Phänomene im Massenkonsum und in den Massenmedien auftauchten, sahen hier in erster Linie eine Ausbreitung „passiver Konsumenten", die

sich scheinbar willenlos der Unterhaltungs-
industrie ausgeliefert haben. Ginge man
von einem solchen Verständnis aus, wie es
sich beispielhaft in Guy Debords *Gesellschaft des Spektakels* findet, wäre das
Kreativitätsdispositiv jedoch nicht ange-
messen erfasst. Hier findet gerade keine
Ruhigstellung des Subjekts statt, sondern
dessen Aktivierung als kreative Instanz und
eine Mobilisierung der Praktiken als pro-
duktive Tätigkeiten. Immer geht es darum,
sich ästhetisch wieder und wieder anregen
zu lassen *und* ästhetisch produktiv zu sein.
Letztlich sind es das soziale Feld der Kunst
und die Sozialfigur des Künstlers, wie sie
sich im modernen Sinne seit etwa 1800
formieren, die das Vorbild für diese Grundstrukturen des Kreativitätsdispositivs bilden.

Das Kreativitätsdispositiv basiert dabei
auf einer sehr spezifischen Form des Sozialen, der es zur Verbreitung verhilft: einer
ästhetischen Sozialität. Wiederum ist das
moderne Kunstfeld das Paradigma für diese

ästhetische Sozialität, in der diese erstmals ihre Form erhält. Man kann nicht genug betonen, dass die Prozesse der Ästhetisierung nicht antisozial oder dem Sozialen gegenüber indifferent sind, sondern eine eigene Version des Sozialen hervorbringen. Die Besonderheit der ästhetischen Sozialität besteht nun darin, dass sie vier spezifische Instanzen und Einheiten miteinander verknüpft, nämlich 1. Subjekte als „Kreateure", 2. ein ästhetisches Publikum, 3. ästhetische Objekte und 4. eine institutionalisierte Regulierung von Aufmerksamkeiten. Dies ist das tragende Gerüst des Kreativitätsdispositivs. Es muss einerseits immer Praktiken geben, die auf die Produktion von ästhetisch Neuem ausgerichtet sind und die von entsprechenden individuellen oder kollektiven „Kreateuren" getragen werden. Es muss auf der anderen Seite ein Publikum geben, das primär an der ästhetischen Aneignung von Objekten und Ereignissen interessiert ist. Der ästhetische Reiz des Neuen verlangt nach einem Publikum, das die Neuartigkeit des Neuen feststellt und sich davon beeindrucken lässt. Beide sind über eine dritte Instanz miteinander verknüpft, über ästhetische Objekte, das heißt über mehr oder minder materiale Artefakte, die mit ästhetischer Absicht hergestellt und/oder in ästhetischer Absicht genutzt oder rezipiert werden. Diese Trias wird schließlich von institutionellen Mechanismen – marktförmigen, medialen oder politisch-staatlichen – gerahmt, denen es um das Management von Aufmerksamkeit geht. Innerhalb der ästhetischen Sozialität besteht das wichtigste Koordinationsproblem des Sozialen darin, welche perzeptive und affektive Aufmerksamkeit sich auf welche ästhetischen Objekte (und kreativen Subjekte) richtet. Zusammengehalten wird diese ästhetische Sozialität durch ihre übergreifende Orientierung an einem ästhetischen Regime des Neuen.

Das Kreativitätsdispositiv setzt sich nun, wie gesagt, aus unterschiedlichsten Elementen zusammen, von der Kunst bis zu den Social Media, in denen Kreativität beständig demonstriert wird, von der Stadtentwicklung der *creative cities* bis zum Beratungsprogramm der Kreativitätspsychologie. Ein zentraler Pfeiler aber ist die Ökonomie. Die *creative industries* sind hier zur Speerspitze des ästhetisch-kulturellen Kapitalismus geworden. Es spricht vieles dafür, dass das Design – neben den beiden ganz anders gelagerten Fällen der Mode und der Werbung – eine gewissermaßen paradigmatische *creative industry* darstellt, indem der Gegenstand ihrer Arbeit im Sinne einer Designifizierung verschiedenster Objekte, Ereignisse und Atmosphären anscheinend unbegrenzt ist. Der ästhetische Kapitalismus bedeutet, dass die Waren und Güter, die hier angeboten werden, immer weniger unter dem Aspekt ihres zweckrationalen Nutzens als dem ihres ästhetischen Werts interessieren. Entsprechend wandelt sich das Modell der Arbeit von der extrinsisch motivierten industriegesellschaftlichen

Produktion hin zur intrinsisch motivierten ästhetischen Arbeit. Beide Tendenzen werden vom Design forciert. Man kann den Prozess nachzeichnen, in dem das Design von einer Nische am Rande der Ökonomie mitten ins Zentrum vorgerückt ist.

Design umfasst allgemein Aktivitäten, in denen Objekte des alltäglichen Lebens über ihren Gebrauchswert hinaus als primär oder sekundär ästhetische fabriziert werden. Das Design ist in diesem Sinne ästhetische Arbeit mit diversen Materialien und eine Ästhetisierungsinstanz par excellence: Bisher Unästhetisches wird in Ästhetisches umgewandelt (was nicht bedeutet, dass der funktionale Aspekt verschwinden müsste). Die Initialzündung des Designs im modernen Sinne lässt sich in der Designreformbewegung des Arts and Crafts und ihrer kritischen Auseinandersetzung mit der Entästhetisierung der Objektwelt durch die Industrialisierung festmachen. Aber um 1900 setzt die Konkurrenz zwischen zwei

umfassenden Designbewegungen ein, die
beide die industrielle Fertigung einbe-
ziehen und damit bereits breiter wirken
können: dem ornamentalen Art déco und
dem Modernismus und Funktionalismus, der
auf die ästhetische Kraft der technischen
und abstrakten Formen setzt. Die allmäh-
liche Formierung der Designbranche in der
ersten Hälfte des 20. Jahrhunderts, vor
allem im Industrie- und Produktdesign,
führte somit bereits zu einer grundlegenden
Ästhetisierung der Objektwelt, jedoch noch
einer gebremsten: Im Funktionalismus wird
das Spiel der Bedeutungen und Affekte im
Umgang mit den Gegenständen nämlich
dadurch eingefroren, dass der Modernismus
in einer Deduktion des Ästhetischen aus
dem Technisch-Funktionalen („forms follows
function") suggeriert, es gäbe eindeutige
und finale Lösungen von Designproblemen.

Die Entsicherung dieser Ästhetisierungsbremsen im Designbereich findet in den
1960er und 70er Jahren statt, wobei dem

Radical Design die Funktion eines Transmissionsriemens zukommt. Das radikale Design forciert in dieser Transformationsphase drei Tendenzen: Es entdeckt das Publikum, das heißt, es adressiert die Konsumenten als emanzipierte Nutzer mit eigensinnigen ästhetischen Interessen. Zweitens ergibt sich nach dem Aufbrechen der modernistischen Hegemonie ein Differenzspiel immer wieder neuer ästhetischer Stile. Drittens erweitert das Design seinen Anspruch in Richtung einer Totaltransformation der gesamten Artefaktwelt. In dieser Transformationsphase wird damit eine Struktur erprobt, die sich in den 1980er Jahren verallgemeinert und sich vom Bezug auf das kritische *Radical Design* löst. Das Design erhält nun den Status einer Generaldisziplin der Kreativökonomie. Das Design kann jedoch nur dadurch zur Generaldisziplin der Kreativökonomie werden, dass es über die Produktsemantik hinaus auf eine ästhetische Gestaltung von langfristig wirkenden Marken, schließlich von kollektiven

Identitäten insgesamt abzielt und sich so in eine ästhetisch orientierte allgemeine Unternehmens- und Organisationsberatung verwandelt.

Was sind nun die Ursachen für die gesellschaftliche Verbreitung des Kreativitätsdispositivs als Ganzem? Warum hat sich die Gesellschaft in verschiedensten ihrer Bereiche in Richtung einer Kreativästhetisierung umgestellt? Ich komme damit zum zweiten Teil. Wie bereits erwähnt, würde ich in vieler Hinsicht das soziale Feld der Kunst seit 1800 mit seinen Individualitätskünstlern und seinem ästhetischen Publikum, mit seiner Orientierung an der immer neuen Überbietung von Stilen und Werken und mit seinen ästhetischen Utopien der Erlösung durch das ästhetische Moment als ersten gesellschaftlichen Mikrokosmos interpretieren, der Grundstrukturen des späteren Kreativitätsdispositivs für einen engen gesellschaftlichen Bereich installiert. Aber natürlich stellt sich die Frage: Warum konnten sich diese Grundstrukturen mit einem zunächst nur sehr schmalen Geltungsbereich gesellschaftlich ausbreiten? Aus meiner Sicht sind hier zwei Faktoren zentral: Die Kreativästhetisierung ist eine Antwort auf den Affekt- und Motivationsmangel der klassischen Form moderner Gesellschaft; und zweitens: Ihre Strukturmerkmale befinden sich in einer Homologie zu zwei anderen Tendenzen der modernen Gesellschaft, die seit dem letzten Viertel des 20. Jahrhunderts umso stärker werden: der Ökonomisierung und der Medialisierung des Sozialen. Das Kreativitätsdispositiv betreibt eine Verzahnung von Ästhetisierung, Ökonomisierung und Medialisierung und ist gerade deshalb so wirkungsmächtig.

Dispositive sind generell als historische und lokale Phänomene zu verstehen, die – wie Michel Foucault es formuliert – auf eine ganz bestimmte Problemlage antworten, auf eine historische und lokale „Dringlichkeit".

Auf welche Problemlage reagierte nun das Kreativitätsdispositiv? Die Antwort lautet: Die Dringlichkeit bestand im Affektmangel der klassischen gesellschaftlichen Moderne. Die moderne Gesellschaft in ihrer klassischen Variante betrieb eine systematische Verknappung der Affekte, die den vergesellschafteten Subjekten Motivation und Befriedigung hätten verschaffen können. Die Ästhetisierungsprozesse des Kreativitätsdispositivs versuchen diese Verknappung zu überwinden.

Die gesellschaftliche Moderne bildet keinen einheitlichen Block, sondern zerfällt historisch zumindest in zwei unterschiedliche Konfigurationen: die bürgerliche Moderne und die organisierte Moderne. Beide verknappten auf ihre Weise die Bandbreite und Intensität gesellschaftlich legitimer Affekte und litten daher, langfristig betrachtet, an einem kulturellen Motivationsdefizit. Für die bürgerliche Moderne kennzeichnend sind die Strukturelemente der Marktökonomie, der Parlamentsdemokratie, des wissenschaftlichen Szientismus und der patriarchalen Kleinfamilie. Die organisierte Moderne liefert dazu ein Nachfolgemodell, das in den ersten Jahrzehnten des 20. Jahrhunderts einsetzt. Nun werden Steuerung, Koordination und Planung forciert, und zwar sowohl im Rahmen der ökonomischen Korporationen als auch vonseiten des Staates. Das Problem der bürgerlichen wie der organisierten Moderne besteht nun in ihrem systematisch produzierten Motivationsmangel, den die Ästhetisierungsprozesse und schlussendlich das Kreativitätsdispositiv zu beheben versprechen. Dieser Affektmangel ergibt sich insbesondere aus einer tief greifenden Entästhetisierung der sozialen Praktiken, und er ist ein Ergebnis der Rationalisierungsschübe beider Versionen der Moderne – die Counterculture der 1960er Jahre lässt sich als Reaktion auf die Unbefriedigtheit dieses Affektmangels der Angestelltenkultur interpretieren. Was hat das Kreativitätsdispositiv, das sich seit den 1970er Jahren ausbreitet, dem nun entgegenzusetzen? Innerhalb der Affektkartografie des Kreativitätsdispositivs kann man vier Knotenpunkte positiver Motivationen und Erregungszustände unterscheiden: die kreative Tätigkeit, das ästhetische Erleben, das Kreativsubjekt selbst und die kreativen Räume.

(1) Die kreative Tätigkeit, die sich auf die Arbeit und den Beruf bezieht, aber auch die Gestaltung des privaten Umfelds, der Freizeit, des gesamten Lebensstils umfasst, verheißt einen mit der Arbeit am Neuen verbundenen Enthusiasmus ebenso wie das befriedigende Gefühl, ein scheinbar souveränes Subjekt zu sein, das sich nicht an die überkommenen Regeln und Routinen zu halten braucht.

(2) Das ästhetische Erleben, das heißt die aus den Zweckzusammenhängen entbundene sinnliche Erfahrung um der sinnlichen Erfahrung willen, verspricht eine Freiheit

von der Notwendigkeit. Es bezieht sich auf
Gegenstände des Alltags ebenso wie auf
Kunstwerke, die Natur, urbane Umgebungen, das Erleben des eigenen Körpers
oder ein anderes Subjekt.

(3)   Das Kreativsubjekt, das man im anderen
und idealerweise in sich selbst wahrnimmt,
erscheint selbst als ein faszinierendes
Identifikationsobjekt, mit dem es offen-
sichtlich kein anderer Subjekttypus der
spätmodernen Kultur aufnehmen kann.
Am kreativen Subjekt, insbesondere dem
Kreativstar, wird nicht nur bewundert, dass
ihm scheinbar perfekt eine Lebensform
der expressiven Individualität gelingt; die
Bewunderung richtet sich auch und vor
allem auf sein Bewundertwerden. Erfolg-
reiche Kreativsubjekte ziehen positive
Aufmerksamkeit auf sich, sie finden soziale
Anerkennung in der Aufmerksamkeit,
die sich auf ihre expressive Individualität
richtet.

(4)   Kreative Räume arrangieren den Raum so, dass das Subjekt dort kreative Tätigkeiten vollziehen, ästhetische Erfahrungen machen und sich als kreatives Selbst entwickeln kann. Räume erscheinen in dieser Hinsicht anziehend, wenn sie als „Anregungsräume" vielfältige Reize und Begegnungen bieten, die für kreative und ästhetische Praktiken nötig scheinen.

Das Kreativitätsdispositiv bildet damit insgesamt eine Affektkultur besonderer Art: Es setzt ausschließlich auf *positive* Affektivität. Das Kreativitätsdispositiv versucht die Affekte auf die scheinbar unbeschränkte Positivität des Gestaltens, Erlebens, Bewunderns und Anregens, des Könnens und Dürfens auszurichten.

Die Kompensation von Affektmangel ist damit die zentrale Ursache für die Verbreitung des Kreativitätsdispositivs. Unverzichtbar für diese Durchsetzung waren und sind jedoch bestimmte strukturelle

Rahmenbedingungen. Zwei der wichtigsten
lauten: Die Ästhetisierung im Sinne des
Kreativitätsdispositivs und die Ökonomisierung des Sozialen stützen sich gegenseitig;
das Gleiche gilt für Ästhetisierung und
Medialisierung.

Die gesellschaftliche Moderne hat in mehreren historischen Schüben bekanntlich
große Teile der sozialen Praxis auf Markt-
strukturen umgestellt. Der Markt als Form
des Sozialen manifestiert sich im Tausch
zwischen Anbieter und Konsument, in
dessen Verlauf das Objekt den Besitzer
wechselt und dafür eine Gegenleistung
erbracht wird. Die Sozialität des Marktes
wirkt zunächst radikal versachlichend:
Die nachgefragten Objekte oder Subjekte
erscheinen im Prinzip gegeneinander
abwägbar. Viele Indikatoren sprechen nun
dafür, dass die Erosion der organisierten
Moderne in den 1980er Jahren mit einem
neuen Schub der Diffusion und der gezielten
politischen Förderung von Marktvergesell-

schaftung zusammenfällt. Diese Ökonomisierung des Sozialen findet diesseits und jenseits der Ökonomie (etwa auch in der Stadt- und Sozialpolitik, der Wissenschaft und Bildung) statt. Es stellt sich nun jedoch besagte strukturelle Homologie zwischen der sozialen Form des Marktes und der Ästhetisierung im Sinne des Kreativitätsdispositivs heraus. Über eine bloße Tauschrelation hinaus bedeutet Vermarktlichung nämlich grundsätzlich, dass sich die soziale Position eines Publikums ausbildet, das eine Haltung der interessierten Zuwendung zu Objekten entwickelt, die um seine Aufmerksamkeit buhlen. Anders formuliert: Im Zentrum beider Formen des Sozialen befinden sich produzierte Objekte, die sich vor einem interessierten Publikum präsentieren und dessen Aufmerksamkeit zu gewinnen versuchen. Des Weiteren forciert die kapitalistische Version der Marktvergesellschaftung ihr spezifisches soziales Regime des Neuen – so wie dies auch für die Ästhetisierung im Rahmen des Kreativitätsdispositivs gilt. Im Kreativitätsdispositiv findet dann eine Verkopplung von Vermarktlichung/kapitalistischer Dynamisierung und ästhetischer Sozialität statt, die einander gegenseitig stützen: Die Waren interessieren primär als ästhetische Objekte, das Regime des Neuen wird zu einem Regime der ästhetischen Innovation.

Die technische Medialisierung des Sozialen wirkt als eine zweite Rahmenbedingung, die eine Ausbreitung der Ästhetisierungsformen des Kreativitätsdispositivs erleichtert. Die soziale Praxis der modernen Gesellschaft ist seit der Frühen Neuzeit durch das Wachstum neuer Medientechnologien geprägt; vom Buchdruck bis zu den digitalen Medien. Für die Entwicklung des Kreativitätsdispositivs erweist es sich nun als in hohem Maße förderlich, dass die Medialisierung die technologischen Voraussetzungen für ihre eigene Version eines sozialen Regimes des Neuen liefert. Entscheidend hierfür ist, dass die Medialisierung technische Mittel für eine zeitlich *sequenzielle* Produktion von Zeichenkomplexen (Texte, Bilder etc.) bereitstellt. Dies gilt etwa für das periodische Erscheinen von Zeitungen, die Sequenzen von Fernsehsendungen oder für die Aktualisierung eines Blogs oder anderer Internetformate. Jeder neue Zeichenkomplex erhebt dabei gegenüber dem zeitlich vorhergegangenen den Anspruch, Redundanz zu durchbrechen und eine neuartige Kommunikations- oder Wahrnehmungsofferte zu bieten, die die Aufmerksamkeit des Nutzers auf sich zieht. Die Medialisierung hat also – mit Niklas Luhmann gesprochen – eine systematische Präferenz für das Neue.

Die Verkopplung und wechselseitige Stützung zwischen Ästhetisierung und Medialisierung, die sich beobachten lässt, ist nun analog zum Fall der Ökonomisierung zu verstehen: Die Ästhetisierung stellt der Medialisierung eine Affekt- und Motivationsquelle zur Verfügung. Umgekehrt erleichtert die Medialisierung eine soziale Diffusion ästhetischer Objekte. Der Aufstieg des Kreativitätsdispositivs setzt also eine solche Verzahnung von Ästhetisierung, Ökonomisierung und Medialisierung voraus.

Was bedeutet das Kreativitätsdispositiv nun jedoch für uns? Was sind seine Folgen? Was sind – gegen die alten ästhetischen Utopien mit ihren Vorstellungen zweckfreier Poiesis und Aisthesis – seine problematischen Konsequenzen? Seitdem ästhetisch orientierte Lebensformen erstmals im Umkreis der Romantik entstanden, waren sie einer heftigen philosophischen und politischen Kritik ausgesetzt. Diese Kritik an einer ästhetizistischen Gegenkultur wurzelte im Wesentlichen in den Moral- und Ordnungsansprüchen der lange dominanten Lebensform des Bürgertums. Bezogen auf die kreative Lebensführung der Spätmoderne, die sich an das Kreativitätsdispositiv anschließt, hat eine solche Kritik jedoch keinen Ort mehr, denn der Antagonismus

zwischen Bürgertum und Gegen- und Subkulturen hat sich in der Lebensform des
Kreativen aufgelöst. In der bürgerlichen
und organisierten Moderne versprach eine
bürgerliche Lebensführung soziale Anerkennung und Inklusion, litt jedoch unter dem
Affektmangel, der sich aus Moralisierung
und Versachlichung ergab, während die
ästhetischen Gegenkulturen motivationale
Befriedigung durch expressive Tätigkeit und
einen ästhetischen Lebensstil in Aussicht
stellten, aber umgekehrt soziale Exklu-
sion und Diskreditierung in Kauf nehmen
mussten. Im Falle der kreativ-ästhetischen
Lebensführung der Spätmoderne ist an
die Stelle des Dualismus von Bürgerlichkeit
und Gegenkultur nun jedoch die Synthese
des bisher Unvereinbaren getreten, die
beides verspricht: die affektive Befriedigung, die sich aus kreativer Tätigkeit und
ästhetischem Erleben ergeben soll, *und* die
soziale Anerkennung und Inklusion, die nun
in erster Linie ein Subjekt erfährt, dem eine
solche kreative Lebensführung gelingt.

Dass die kreative Lebensführung allerdings nicht widerspruchsfrei ist, sondern Dissonanzerfahrungen und neue Mangelzustände produziert, lässt sich seit den 1990er Jahren sowohl an verbreiteten Kritiken aus dem Inneren der kreativen Milieus als auch an den Symptomen ablesen. Mit Symptomen meine ich hier bestimmte, verhältnismäßig neuartige psychische und physische Anzeichen, die sich als unintendierte Reaktionen auf die Anforderungen durch das Kreativitätsdispositiv interpretieren lassen, insbesondere Depressions- und Erschöpfungssymptome sowie Aufmerksamkeitsdefizitstörungen. Dahinter verbergen sich vier Strukturprobleme einer an Kreativität orientierten Kultur, auf die ich abschließend näher eingehen möchte:

1. Der Leistungszwang der Kreativität. Im Rahmen des Kreativitätsdispositivs ist kreatives Handeln keine glückliche Gelegenheit oder zufällige Episode. Jenseits von zufälligen Ereignissen wird Kreativität sozial

als eine Leistung zurechenbar, die der Einzelne erbringt und zu erbringen hat. Aus der Universalisierung des Kreativen – jeder ist kreativ – folgt dann jedoch eine erneute soziale Differenzmarkierung, nämlich zwischen dem Kreativen und den nichtkreativen Akten und Individuen. Anders als eine soziale Erwartung, die auf ein identisches Verhalten bezogen ist, hantiert die Norm der Abweichung zwangsläufig mit dem Komparativ: Kreativität setzt als Hintergrundfolie jene voraus, die nicht abweichen und als Konformisten gelten.

Wenn das Erbringen kreativer Leistungen soziale Inklusion sichert, dann führt ein diesbezügliches Leistungsdefizit entsprechend zur sozialen Herabstufung und Marginalisierung. Das Individuum muss die Verantwortung dafür übernehmen, dass es sein kreatives Potenzial nur ungenügend genutzt oder realisiert hat. Das Nichtkreative als das kulturelle Außen der kreativen Lebensführung bleibt nur als ein negativer

Rest übrig, ein Ort des Versagens, von dem aus keine konstruktive Distanzierung von den herrschenden Normen möglich ist. Ein Scheitern kann somit die personale Identität selbst stärker beschädigen, als dies soziale Erwartungen sonst vermöchten.

2.   Diskrepanzen zwischen kreativer Leistung und Kreativerfolg. Wie wir gesehen haben, ist im Rahmen des Kreativitätsdispositivs jede kreative Tätigkeit auf ein Publikum im weitesten Sinne bezogen, das diese erst als neuartig, interessant und originell zertifiziert. Im Idealfall entspricht eine aus der Sicht des Produzenten gelungene kreative Praxis der entsprechenden Wahrnehmung, Bewertung und dem positiven Affiziertwerden des Publikums. Die sozialen Kriterien „Leistung" und „Erfolg" sind jedoch nicht identisch. Das Kriterium „Leistung" misst eine Tätigkeit normativ anhand von Kompetenz und Gelungenheit. „Erfolg" bezieht sich hingegen auf die normative Kraft des Faktischen: Erfolgreich ist

eine Tätigkeit, wenn sie faktisch zu sozialem Prestigegewinn führt. Dieses Missverhältnis ist nun im Kreativitätsdispositiv systematisch angelegt, denn kreative Leistungen können mit sozialem Erfolg korrespondieren, müssen es jedoch nicht, da das Publikum als Zertifizierungsinstanz unberechenbar bleibt.

Die eigentliche Ursache für die Ungleichheit der Honorierung kreativer Leistungen durch die Rezipienten ist nun in den sozialen Grundstrukturen der Aufmerksamkeit zu suchen. Die Ungleichheit wird durch die prinzipielle Begrenztheit der Aufmerksamkeit des Publikums im Angesicht eines Übermaßes von kreativen Akten produziert, die um seine Gunst wetteifern. Die Aufmerksamkeit kann sich eben nicht auf alles und jeden richten, nicht auf jedes Designobjekt, jeden Fernsehmoderator, jedes liebes- oder freundschaftsbedürftige Subjekt oder jeden Blogger. Das Kreativitätsdispositiv produziert damit seine eigene Version von Erfahrungen sozialer Ungerechtigkeit, die man auf einen einfachen Nenner bringen kann: Nichts sichert mehr Kreativerfolg als bisheriger Kreativerfolg, dessen Entstehung in der Regel von Zufällen in der Aufmerksamkeitsökonomie abhängt.

3.   Aufmerksamkeitszerstreuungen. Ein dritter Komplex von Dissonanzerfahrungen betrifft die Rezeption des ästhetisch Neuen durch das Publikum. Das Kreativitätsdispositiv und die kreative Lebensführung beruhen auf der Annahme, dass im Konsum von ästhetischen Innovationen, Kunstevents, Medienangeboten oder urbanen Erfahrungen die Nutzer aus ihrem zweckfreien, sinnlich-emotionalen Erleben die gewünschte Befriedigung ziehen. Nun finden sich jedoch Indizien dafür, dass aufgrund der exponentiellen Zunahme der um Aufmerksamkeit werbenden Neuheiten das Risiko des Misslingens und der Enttäuschung der ästhetischen Rezeption wächst: Angesichts eines „Reizüberflusses" droht die subjektive Aufmerksamkeit sich vom Strom der Reize

abhängig zu machen und die Fähigkeit zur aktiven Konzentration von Aufmerksamkeit entsprechend zu schrumpfen.

Ein ökonomisches, künstlerisches, mediales und urbanes Dispositiv, das systematisch eine große Anzahl von „sensationellen" Ereignissen produziert, die ein zweckfreies, überraschtes Aufmerken im Rezipientensubjekt bewirken wollen, riskiert damit eine Störung der Aufmerksamkeitsbalance zugunsten der Zerstreuung und zuungunsten der Konzentration. Dafür scheinen zwei Faktoren verantwortlich: die Verkürzung der Aufmerksamkeitsspanne, die dem einzelnen Ereignis im Angesicht der herandrängenden neuen Geschehnisse gewidmet wird, und eine Entwertung der Präsenz des gegenwärtigen Moments zugunsten zukünftiger, in ihrem Neuigkeits- und Überraschungswert vermeintlich überlegener Ereignisse. Das Kreativitätsdispositiv hält hier gewissermaßen eine widersprüchliche Unbefriedigtheit bereit: den Eindruck, dass es zugleich zu viel und zu wenig Neues gibt. Das empfundene Übermaß an ästhetischen Wahrnehmungsofferten kann als Überforderung erlebt werden. Zugleich kann sich der Eindruck festsetzen, dass im Meer des vermeintlich Neuartigen nichts *wirklich* Neues und Originelles mehr vorkommt.

4.   Ästhetisierungsüberdehnungen. Schließlich eine vierte problematische Konsequenz: Im Rahmen des Kreativitätsdispositivs neigt der Prozess der Ästhetisierung dazu, sich unkontrolliert in unterschiedlichste soziale Felder hinein auszudehnen. Angesichts dieser Entgrenzung des Ästhetischen in vormals nichtästhetische Komplexe hinein kann das Bedrohungsszenario der klassischen – bürgerlichen und organisierten – Moderne auf den Kopf gestellt werden: Während dort das Ästhetische potenziell immer wieder einer Kolonialisierung durch Prozesse der Rationalisierung ausgesetzt war, stellt sich im Rahmen des Kreativitätsdispositivs die Frage, inwiefern

eine Kolonialisierung des Nichtästhetischen stattzufinden droht. Soziologisch kann man in mehreren sozialen Feldern das ausmachen, was ich „Ästhetisierungsüberdehnungen" nennen würde. Beispielhaft sind die Ästhetisierungstendenzen in den Massenmedien, den persönlichen Beziehungen und in der Politik. In den Massenmedien ist eine Tendenz zu beobachten, dass mediale Formate, die zuvor primär kognitiv ausgerichtet waren und der (politischen) Information dienten, sich zunehmend an der Erwartung orientieren, rasch wechselnde perzeptiv-affektive Reize zu liefern. Im Bereich persönlicher Beziehungen lässt sich eine Ästhetisierung des Privaten feststellen: Eine Reihe von Autoren haben herausgearbeitet, in welchem Maße sich das Knüpfen und Aufrechterhalten von Partnerschafts- und Freundschaftsbeziehungen zunehmend von Kriterien leiten lässt, inwiefern diese Beziehungen eine individuelle *self-creation* und gemeinsame Konsumfreizeit ermöglichen. Im Feld des Politischen schließlich sind Ansätze dessen wahrnehmbar, was Colin Crouch eine „postdemokratische" Konstellation nennt, zu der vor allem eine ästhetisch orientierte Personalisierung der Politik und eine Eventifizierung der politischen Kommunikation beitragen.

Ich komme damit zum Schluss: Die spätmoderne Gesellschaft im Westen wie auch zunehmend auf globaler Ebene ist in einem bisher noch kaum vollständig begriffenen Maße durch ein Dispositiv der Kreativität strukturiert, durch ein allgegenwärtiges Regime des ästhetisch Neuen, das die sozialen Felder, Milieus und Identitäten durchdringt. Die Strukturen und Verheißungen einer ästhetischen Praxis, die um 1800 allein für Kunst und Künstler galt, haben damit eine gesamtgesellschaftliche Prägekraft erhalten – nicht zuletzt dadurch, dass sie sich mit Ökonomisierungs- und Medialisierungsprozessen verbunden haben. Trotz aller affektiven Verheißungen und Chancen, die das Kreativitätsdispositiv bietet, bringt es zugleich systematisch neue Unbefriedigtheiten und Mängel hervor. Die Anschlussfrage lautet natürlich: Haben wir Alternativen? Gibt es andere Formen der Kreativität und der Ästhetisierung, außerhalb der Strukturen des Kreativitätsdispositivs? Diese Anschlussfrage stellt sich uns allen gemeinsam.

ENTSICHERTE ÄSTHETISIERUNGSBREMSEN

Nachfragen aus dem Publikum an Andreas Reckwitz auf der 10. Jahrestagung der Deutschen Gesellschaft für Designtheorie und -forschung „Die Politik der Maker" an der HFBK Hamburg am 22. November 2013

Frage aus dem Publikum:
Kann man Kreativität vermeiden?

Reckwitz:
Das wäre natürlich der alternative, entgegengesetzte Imperativ. Nicht mehr: Sei
kreativ!, sondern: Vermeide Kreativität!
Bevor wir so weit gehen, sollten wir uns
aber generell das Verhältnis zwischen Kreativität und Nichtkreativität in der sozialen
Praxis anschauen. Hier existiert immer
ein Kontinuum zwischen Reproduktion und
Wiederholung einerseits, den uninten-
dierten oder auch intendierten Elementen
des Neuen, des Andersartigen, des nicht
in die Reproduktion Passenden ande-
rerseits. Derrida hatte in dieser Hinsicht
ganz treffend von Iterabilität[1] gesprochen.
Er hat dies zwar primär auf Sprache und
Sprachverwendung bezogen, man kann es
aber auch auf die soziale Praxis insgesamt
beziehen. Das heißt: Es findet immer und
zwangsläufig eine Reproduktion von Formen
und von Praktiken statt, die aber immer

auch – ob man es nun will oder nicht – solche Elemente des Andersartigen, des „Schrägen", des Neuen, des Abweichenden beinhalten. Diese Doppelstruktur gilt für die soziale Praxis ganz generell. Und die Frage ist jetzt, ob bestimmte Gesellschaften den einen Pol stärken und prämieren oder den anderen. Setzt eine Gesellschaft mehr auf Reproduktion oder auf Abweichung? Generell kann man weder das eine noch das andere vermeiden. So kann man, selbst wenn noch so radikal Kreativität verlangt und gefördert wird, Reproduktion und Routine niemals eliminieren. Sie mag dann zwar unter Verdacht stehen, ist aber trotzdem da. Auch der größte Teil sogenannter kreativer Tätigkeit – etwa in der Kunst oder in der Kreativbranche – ist ja reproduktive, routinisierte Tätigkeit. Umgekehrt heißt das aber auch: Wenn man jetzt auf Teufel komm raus, etwa in einer, wie Lévi-Strauss es nannte, „kalten" oder archaischen Gesellschaft, auf Tradition und auf Wiederholung setzt,[2] kann man trotzdem nicht vermeiden, dass immer wieder andere, neue, nicht ins Muster passende Elemente auftauchen (die dann aber möglicherweise meist nicht anschlussfähig erscheinen), man also „kreativ" ist. Also: Ich denke, es funktioniert weder die Vermeidung des einen noch des anderen. Die Frage ist vielmehr: In welche Richtung gehen die gesellschaftlichen Erwartungsstrukturen? Und das Problem ist in der Spätmoderne, dass sie zu sehr in eine Richtung ausgeschlagen ist, jene der Kreativität, der Abweichung, des Neuen. Allerdings kann es jetzt nicht darum gehen, das Rad zurückdrehen zu wollen. Will man wieder eine traditionale Gesellschaft zurück, die das Neue unter Verdacht stellt und dann nur noch auf Wiederholung oder in der Kunst etwa auf den Klassizismus setzt? Das wäre absurd, komplett unrealistisch und auch nicht wünschenswert. Es geht aber vielmehr um die Austarierung dieses Verhältnisses von Wiederholung und Andersartigem, von Reproduktion und Neuem.

Sind die *Maker Culture* und das Selbermachen die radikalste Form der Entsicherung jener von Ihnen erwähnten
Ästhetisierungsbremsen? Wenn sich
das Modell des Designers und Schöpfers,
des kreativ Tätigen in ganz praktischer
Form multipliziert, wäre das nicht das
totale Kreativitätsdispositiv-Inferno?

Aus meiner Sicht kann man zwei unterschiedliche Interpretationen dieses
Phänomens ausprobieren, die in genau
entgegengesetzte Richtungen gehen. Man
könnte einerseits tatsächlich vermuten,
dass sich in der *Maker Culture* der Kreati-
vitätsimperativ und auch der Kreativitätswunsch besonders radikal verbreiten.
Dass jetzt von jedem Laien in seinem Alltag
Kreativität abverlangt wird und dieses Ver-
langen internalisiert wird im Sinne eines
täglichen Do-it-yourself – also permanent
am Neuen zu basteln. Wer dies nicht tut,
erscheint konventionell und passiv. Die
andere Interpretationsmöglichkeit wäre,

dass in der *Maker Culture* eine alternative Form von Kreativität erprobt wird. Gibt es denn Alternativen zu diesem Kreativitätsverständnis, das ich als Bezugspunkt jenes Dispositivs ausgemacht habe? Ich würde sagen, es gibt dann eine Alternative, wenn man das Publikum ausschaltet. Die vorherrschende Form der Kreativität innerhalb des Dispositivs basiert ja auf einem bewertenden Publikum. Das war ursprünglich das Modell der modernen Kunst, das sich dann verbreitet hat: Da ist ein Künstler mit seinem Werk, dem steht ein Publikum gegenüber, und das Publikum bewertet das Neue in irgendeiner Weise. Die Frage ist aber: Kann man das Publikum nicht ausschalten? Ist das Publikum nicht die Instanz, die das Problem der Aufmerksamkeitsökonomie mit hineinbringt? Das Gegenmodell wäre eine nicht dem heroischen Künstlerideal entsprechende Form der Kreativität, eine „profane Kreativität", die ohne Publikum auskommt und stattdessen nur aus Mitspielern und Teilnehmern besteht. Die quasi nur für sich etwas produzieren, das von außen betrachtet nicht besonders originell sein mag, aber für die Teilnehmer selbst befriedigend ist. Es könnte sein, dass dieses Potenzial der profanen Kreativität im Selbermachen vorhanden ist. Es kommt sehr darauf an, wie die *Maker Culture* im Detail funktioniert. Richten sich ihre Ergebnisse wiederum an ein anonymes Publikum oder arbeitet sie vielmehr kooperativ mit einzelnen Nutzern zusammen, wo dann im Design eher eine Teilnehmerrelation dieses Gegenüber von Produzent und Publikum ablöst?

Was verstehen Sie eigentlich unter Design?

Eine schwierige Frage natürlich, ich sehe mich ja nicht als Designtheoretiker. Mir geht es daher nicht um eine allgemeingültige Definition, sondern in soziologischer und kulturgenealogischer Perspektive darum, wie Design gesellschaftlich eingesetzt wurde und wird. Design ist selbst ein historisch spezifisches Phänomen und man muss die Form des Designs aus diesen historischen Kontexten, in denen es entstanden ist, erarbeiten. Ich würde zunächst einmal sagen, es geht im Design um eine Zusammenstellung und ein Arrangement von Objekten und Materialien diverser Art für den Alltagsgebrauch, das sich davon leiten lässt, diese Materialien über den funktionalen Nutzen und Gebrauch hinaus so zu gestalten, dass die Dinge eine kulturelle und ästhetische Dimension erhalten, welche dann auch den alltäglichen Nutzer affiziert. Im modernen Design geht es also immer über den Gebrauchswert und Nutzen hinaus – der natürlich nicht verschwindet – um ein Bedeutungs- und Wahrnehmungsarrangement von Materialien. Die Entstehung des Designs im modernen Sinne hat zuerst viel mit der Arts-and-Crafts-Bewegung zu tun. Es ist etwas, das sich zunächst gegen die Entästhetisierung der Dingwelt durch die frühe Industrialisierung wendet.

Gegen eine mechanische Produktion von Artefakten, die gerade diese ästhetischen Dimensionen nicht berücksichtigt, wie das eben in der klassischen Industriegesellschaft der Fall war. Insofern würde ich Design sehr eng mit dieser Bewegung der aktiven Ästhetisierung der Dingwelt in Zusammenhang bringen. Ich sehe natürlich, dass es auch immer andere Formen des Designs gab, die gerade nicht die ästhetische Dimension betonen, sondern sozialere Funktionen, wie der Funktionalismus etwa. Aus der Rückschauperspektive scheint mir das – ob das jetzt gewünscht ist oder nicht – der Faktor zu sein, der die entscheidende Wirkung des Designs gewesen ist – nämlich diese Ästhetisierung, die ästhetische Arbeit des Designers für einen sinnlich ansprechbaren Nutzer.

Sie sprechen von der „Entästhetisierung" im Kontext der industriellen Moderne. Was entästhetisiert wird, muss aber ja vorher ästhetisch gewesen sein. Die organisierte Moderne und der Fordismus betrafen primär das Kleinbürgertum und die Arbeiterklasse, die nach Ihrer Definition dann ja zuvor bereits ästhetisch gewesen sein müssen. Ist das so? Und kann man daraus auf ein Grundbedürfnis nach Ästhetik schließen?

Wenn ich von Entästhetisierung in der frühen Moderne spreche, setzt das tatsächlich voraus, dass historisch vorher ästhetische Formate vorhanden waren, die verschwunden sind, weil sie bedrängt wurden. Daran würde ich, obwohl es eine sehr pauschale These ist, auch festhalten. Wir kennen ja die kulturkritischen Diskurse aus dem 19. Jahrhundert, wie beispielsweise Matthew Arnolds *Culture and Anarchy*[3], wo die Industriegesellschaft als etwas dargestellt wird, das – ohne dass er diesen Begriff verwendete – entästhetisierend wirkt. Bestimmte ästhetische Formate, die zuvor in der mittelalterlichen und frühneuzeitlichen Gesellschaft vorhanden

waren, verschwanden. Etwa in Handwerker-
oder ländlichen Milieus, wo es ja ästhetische
Formate gab, die teilweise eng mit der täglichen Handlungspraxis verbunden waren,
die ritualisiert waren. Diese These hat
einiges für sich, obwohl man dies natürlich
historisch sehr viel genauer ausarbeiten
müsste: Die Moderne – zunächst die bürgerliche und dann auch die organisierte
Moderne – wirkt im Vergleich zu dem, was
vorher als Gesellschaft in Europa vorhanden
war, entästhetisierend. Es fand eine Ver-
drängung der Handwerkermilieus durch die
Industriegesellschaft und die Fabriken statt,
und die Religion wich der Säkularisierung.
Allerdings ist es natürlich komplizierter: Die
Moderne hat ja von Anfang an auch ästhe-
tisiert. Die bürgerliche Kunst in der auto-
nomen Kunstsphäre oder die Programme
der Romantiker waren Ästhetisierungspro-
jekte, auch wenn sie zunächst nur in engen
Bereichen wirkten. Im Fordismus haben
dann später die Warenästhetik und auch die
audiovisuellen Medien als Ästhetisierungs-

agenten gewirkt. Die frühe Moderne hat
damit zugleich entästhetisiert und ästhe-
tisiert. Das ist ein interessanter Doppel-
prozess, der, wie ich meine, noch gar nicht
gut genug erforscht ist, weil die Soziologie
immer gern von Rationalisierungspro-
zessen und funktionaler Differenzierung
der Moderne ausgegangen ist. Aber diese
Dialektik, die am Anfang der Moderne statt-
findet und die sich mittlerweile zugunsten
der Ästhetisierung entwickelt hat, das ist
ein doppeldeutiger Prozess.

Aber gibt es daher ein ästhetisches Grundbedürfnis? Ich bin gegenüber Univer-
salisierungen und Anthropologisierungen
skeptisch. Autoren wie Gernot Böhme[4]
argumentieren in diese Richtung, dass das
Ästhetische eine Art Grundkonstellation
ist, die man schon in archaischen Ritualen
findet, oder dass sich sogar im Tierreich
das Spielerische finden lässt. Ich bezweifle,
dass wir dieses Anthropologisieren des
Ästhetischen brauchen – in „den Menschen"

wird ja in anthropologisierenden Diskursen gerne Diverses nach Gusto hineininterpretiert: Für die einen ist der Mensch von Natur aus Egoist, für die anderen von Natur aus kooperativ und altruistisch, für die einen ist der Mensch Vernunftwesen, für die anderen von Natur aus begehrend oder aggressiv, hier ist der Wettbewerb das Natürliche, dort das ästhetische Spiel etc. etc. Also: Ich denke nicht, dass es ein Grundbedürfnis nach Ästhetik gibt. Ich spreche lieber von einem spezifischen Affekt- und Motivationsmangel in der Moderne. Dies soll nicht bedeuten, dass ich nun eine Affektnatur des Menschen voraussetze, die in der frühen Moderne unterdrückt wurde und die sich jetzt „Bahn bricht". Ich meine mit Affekt- und Motivationsmangel einen historisch und kulturell so *wahrgenommenen* Mangel. Man kann historisch nachweisen, dass zum Beispiel die Industriegesellschaft dazu führte, dass Individuen durch Routinearbeit demotiviert wurden. Das lag nicht daran, dass dort

die natürlichen Affekte und Bedürfnisse
bedroht wurden, sondern dass ab einem
bestimmten Punkt Kritikdiskurse geführt
wurden und Subjekte einen empfundenen
Mangel thematisierten.

Ich verspüre ein Unwohlsein bei Ihrer
Definition von Design. Man könnte auch
sagen, Design handelt von einer Verbesserung, auf die Bedürfnisse bestimmter
Auftraggeber bezogen. Ist es nicht so,
dass in dem Moment, wenn tatsächliches
Verbessern schwer geworden ist, dies
durch eine vermeintliche Verbesserung
als ästhetische Änderung oder als Funktion des Neuen kompensiert wird?

Offen gesagt: Ich verspüre auch ein Unwohlsein, und zwar in dieser Gegenüberstellung
von „tatsächlicher" Verbesserung und
„bloßer" ästhetischer Veränderung. Es gibt
ja interessanterweise keinen Begriff, der so
positiv besetzt ist wie „Ästhetik", und keinen
so negativen wie den der Ästhetisierung,

wenn man sich die Diskussionen anschaut.
Die Abwertung der Ästhetisierung ist mir
aber ein bisschen zu einfach. Ästhetisierung
bedeutet aus meiner Sicht nicht nur Ober-
flächenaufhübschung, sondern die Arbeit
an komplexen ästhetischen Qualitäten
der Dinge und Umgebungen. Sehr gut deut-
lich wurde das beispielsweise in der kritischen Diskussion des Modernismus durch
Designer und Architekten. Gerade in den
Diskussionen der 1960er und 70er Jahre
war die Kritik an Modernismus und Funktionalismus vonseiten einer nachmodernisti-
schen Architektur eine Kritik, der es immer
darum ging, die ästhetischen Anliegen
des Nutzers überhaupt wieder sichtbar zu
machen und entsprechende Raumqualitäten
zu entwickeln. Wie werden die Räume sinnlich wahrgenommen, was fühlt man dabei,
wenn man in die Räume geht, wenn man
alltäglich mit ihnen umgeht? Es ist ja nicht
nur eine Oberfläche und deren Aufhüb-
schung, um die es hier geht, es ist ja die
Nutzung selbst, die sich durch die ästheti-

sche Arbeit verändern und auch verbessern soll. Die Nutzung ist auch ein sinnlich-affektiver Prozess. Wenn man das berücksichtigt, erkennt man, dass Ästhetisierung im Design auf die Grundstrukturen von Dingen und Räumen abzielt und damit auf eine positive Transformation des Alltags der Nutzer. Was man sicher sagen kann, ist, dass es im Design idealerweise immer um beide Seiten der Dinge geht: um den funktionalen Gebrauch und den ästhetischen Wert. Insofern sollten Zweckrationalität und Ästhetik nicht gegeneinander ausgespielt werden. Vielleicht ist das ja das Problem der spätmodernen Ästhetisierung und des Kreativitätsdispositivs: dass sie teilweise zu diesem traditionsreichen Dualismus neigen.

Warum verorten Sie das Entstehen des Kreativitätsdispositivs im 20. Jahrhundert? Waren die Menschen früher weniger kreativ? Ist Kreativität nicht ein menschliches Grundthema, sowie das Rad und der Faustkeil erfunden wurden?

Wie gesagt: Ich bin etwas skeptisch gegenüber der universalisierenden Vorstellung
einer Kreativität „an sich". Es gibt ja Kol-
legen, die so etwas wie eine Anthropologie
der Kreativität versuchen, wie Hans Joas
in seinem Buch *Die Kreativität des Handelns*[5], wo es darum geht, dass Handeln
ganz allgemein das Potenzial des Kreativen
enthält. Das kann man natürlich machen,
aber mich interessiert doch etwas anderes:
die Historisierung und Soziologisierung des
Phänomens Kreativität. So wie Foucault
das Subjekt an sich historisiert und dann
behauptet, „der Mensch" sei eine Erfindung
von um 1800, so historisiere ich hier auch
das Kreativitätsphänomen. Ich platziere es
in einem bestimmten kulturell-gesellschaft-
lichen Komplex, der mit dem modernen
Kunstfeld und der ästhetischen Ökonomie
der Moderne, mit der Psychologie, dem
Management, bestimmten Subkulturen eng
zusammenhängt. Ich hätte demgegenüber
Schwierigkeiten, den Kreativitätsbegriff zu
universalisieren, im Zusammenhang einer

solchen Verallgemeinerung würde ich den belasteten und aufgeladenen Begriff der Kreativität vermeiden. Wie ich ja vorhin gesagt habe: Das hat es natürlich immer gegeben und wird es immer geben, dass in der sozialen Praxis nicht nur gleiche Muster reproduziert werden, sondern dass etwas Neues entsteht, etwas Abweichendes und Überraschendes. Aber der gesellschaftliche Kontext solcher „kreativer" Akte in einer traditionalen Gesellschaft wie dem europäischen Mittelalter oder der Spätmoderne mit ihrer extremen Innovationsintensivierung ist natürlich ein ganz anderer. Ich würde daher den Kreativitätsbegriff sehr viel enger fassen, und zwar im Zusammenhang mit dieser modernen Konstellation von Kunstfeld und ästhetischer Ökonomie und dem Kreativitätsdispositiv.

Wie verhalten sich Ihre Überlegungen zu anderen, weniger positiv konnotierten Konzepten der Ästhetik? Beispielsweise

Baudelaires Ästhetik des Bösen, die nicht
auf jene positiv erlebbaren sinnlichen
Affekte zielt?

Meine Perspektive auf ästhetische Praktiken
ist eine soziologische und keine kunst-
oder literaturwissenschaftliche. Wenn man
von der Literatur, der bildenden Kunst
usw. ausgeht, dann hat man natürlich auch
andere Begriffe des Ästhetischen. Mich
interessiert aus der soziologischen Perspektive, welche ästhetischen Praktiken in
der Gesellschaft diffundieren. Und da
würde ich sagen, hier handelt es sich zu
großen Teilen um eine Ästhetisierung, die
für die Akteure mit positiven Affekten verbunden ist: Freude, Faszination, Spannung,
Interessantheit etc. Die Spätmoderne ist
im Kern eine positive Affektkultur (was in
dieser Einseitigkeit ja auch ein Problem darstellt). Dabei können aber auch bestimmte
Dissonanzerfahrungen als lustvoll erlebt
werden oder kann eine Ästhetik des Hässlichen möglich sein, das ist überhaupt nicht

ausgeschlossen. Ich denke, gerade die zeit-
genössische Kunst ist ja ein gutes Beispiel
dafür, dass die Gefühle, die ästhetische
Objekte hervorrufen und auch hervorrufen
sollen, durchaus ambivalenter sein können.
Denken Sie an Performancekunst wie die
von Abramović, wie sie Fischer-Lichte ana-
lysiert,⁶ an die Schwellenerfahrung dort,
in der ja Ekel und Angst eine wichtige Rolle
spielen, oder an die Thematisierung von
Gewalt in Filmen wie *A Clockwork Orange*
oder bei Michael Haneke. Das knüpft ja an
die Ästhetik des Hässlichen oder Bösen an.
Diese spielt auch in medialen Diskursen
eine Rolle, wenn es etwa um die detaillierte
Darstellung von monströsen Verbrechen wie
denen von Serienkillern oder Amokläufern
geht: Das Monströs-Singuläre übt in der
Spätmoderne seine eigene Attraktivität aus,
auch das steht in der Tradition der Ästhetik
des Bösen. Insofern enthält die positive
Affektkultur in der Spätmoderne durchaus
ihre Kehrseite.

Was meinen Sie damit, dass die heutige kreative Lebensführung jede Form der Kritik verunmöglicht?

Sie ist nicht verunmöglicht, aber doch erschwert, sie wird komplizierter. Zunächst hat die alte Kritik an der ästhetizistischen Kultur an Bedeutung verloren. Diese alte Kritik, die Kritik an der Boheme etwa oder die Kritik von Hegel an der Romantik, das war ja eine Kritik eines bestimmten bürgerlichen Selbstbewusstseins gegenüber ästhetischen Gegenkulturen. Diese Kritik erscheint heute größtenteils antiquiert, weil Bürgerlichkeit und ästhetische Gegenkulturen in der neuen, hochqualifizierten Mittelklasse fusioniert sind. Das bedeutet nicht, dass überhaupt keine Kritik mehr an dieser Lebensform möglich wäre, nur gerät sie in gewisse Schwierigkeiten: Von wo aus soll die Kritik geübt werden? Wir hatten vorher immer diese beiden Fraktionen: Das Bürgertum konnte Kritik üben, die Gegenkulturen konnten Kritik üben, jeweils an der anderen Seite. Jetzt ist beides fusioniert, jetzt ist dieser Antagonismus aufgelöst. Das ist eine Frage, die sich insgesamt stellt, die auch Boltanski und Chiapello stellen:[7] Wenn die Künstlerkritik in vieler Hinsicht in den Mainstream eingesickert ist, ist sie dann zahnlos geworden? Kann es noch eine andere Form von Künstlerkritik geben? Oder braucht es eher eine neue Form von Sozialkritik? Das ist genau der Punkt, wo die Kritik aus meiner Sicht auch ansetzen müsste und man darauf hinweisen kann, dass die Ästhetisierungs- und Ökonomisierungstendenzen der Spätmoderne neue soziale Ungleichheiten mit sich bringen, die im klassischen Künstlerkritikdiskurs gar nicht im Zentrum stehen. Zugleich aber sind diese neuen sozialen Ungleichheiten offenbar massiv mit kulturellen Entwertungsprozessen verknüpft: Entwertung der Lebensformen jener Milieus, welche die kreative Lebensführung nicht tragen, vor allem in der neuen Unterschicht und in der alten Mittelschicht. Insofern geht es auch um mehr als „nur" Sozialkritik. Die kreative Lebensführung hat ja ihren spezifischen sozialen Ort in der hochqualifizierten, hochmobilen neuen Mittelschicht – die Diskriminierung des Nichtkreativen (übrigens auch des nicht Designaffinen) hat damit teil an den spätmodernen Klassenkonflikten, die in entscheidender Weise eine kulturelle Seite haben und in denen es massiv um Valorisierung und Entwertung geht. Eine zeitgemäße Kritik müsste aus meiner Sicht an einer genauen Analyse dieser kulturellen Logik der postindustriellen Konfiguration der Klassen und Lebensformen ansetzen.[8]

[1] Vgl. Jacques Derrida: Signatur Ereignis Kontext (1971), in: Randgänge der Philosophie, Wien 1988, S. 325–351.

[2] Vgl. Claude Lévi-Strauss: Das wilde Denken, Frankfurt/Main 1981.

[3] Matthew Arnold: Culture and Anarchy (1869), London 2015.

[4] Vgl. Gernot Böhme: Atmosphäre. Essays zur neuen Ästhetik, Frankfurt/Main 1995.

[5] Hans Joas: Die Kreativität des Handelns, Frankfurt/Main 1996.

[6] Erika Fischer-Lichte: Ästhetik des Performativen, Frankfurt/Main 2004.

[7] Vgl. Luc Boltanski und Ève Chiapello: Der neue Geist des Kapitalismus (1999), Konstanz 2003.

[8] Diese sozialstrukturelle Frage untersuche ich genauer in: Die Gesellschaft der Singularitäten. Zum Strukturwandel der Moderne, Berlin 2017.